Productividad

Cómo Enfocarse y Mantenerse Productivo

¡Detén la procrastinación ahora

y termina las cosas!

Por Eduardo Lee

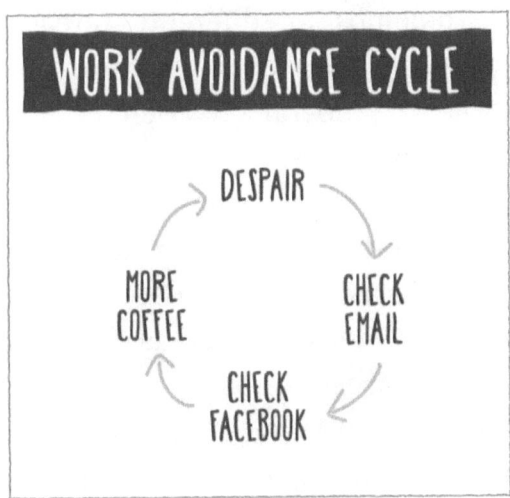

¿Te resulta familiar?

A veces esto aplica incluso en el trabajo que realmente queremos terminar.

Introducción

Quiero darte las gracias y felicitarte por adquirir esta *"Guía de Productividad"*

Este libro tiene información importante que, si se sigue, pueden ayudarte a ser más centrado y productivo, y ser exitoso en cada aspecto de tu vida. Recuerda que dominar estas cosas requerirá algo de tiempo y esfuerzo.

Todos tenemos diferentes tareas que atender a todos los días y ciertas metas nos gustaría lograr en nuestras vidas. Hacer cualquiera de estos requiere que tenemos una mezcla perfecta de enfoque, fuerte sentido de autodisciplina, y buenas habilidades de gestión del tiempo para que podamos hacer nuestras tareas con atención, debemos asegurarnos de no sucumbir a las tentaciones que nos impiden hacer cosas significativas, y para que podamos hacer el uso más eficiente y efectivo de nuestro tiempo. A menos que trabajemos en estas cosas, estamos muy mal equipados para combatir la procrastinación y aumentar nuestra productividad.

Para eliminar la necesidad innata de diferir una labor importante a un momento posterior y garantizar que manejes tus distracciones con eficacia y, al hacerlo, completes todo tu trabajo a tiempo, debes superar la procrastinación y mejorar tus habilidades de gestión del tiempo.

Si esto es algo que te gustaría lograr, este libro es la guía completa de productividad. Cuando se implementa, la información de este libro ayudará a incrementar tu nivel de enfoque y se disparará tu productividad en cuestión de días y, al final, nos enfocaremos en los resultados a largo plazo. También he incluido orientación para tu próximo paso sobre cómo formar un hábito a partir de esto.

¿Estás listo para convertirte en la persona más productiva que conoces? Si es así, empecemos. Si no lo estas, ¡DEJA de postergarlo...! Estamos empezando.

Me alegra que hayas decidido darle una oportunidad a este libro. Quería que fuera breve para que puedas recordar seriamente la mayoría de los consejos que se dan aquí. Espero que lo disfrutes y en realidad te concentres mientras lees para que sepas cómo avanzar adecuadamente.

Tabla de Contenidos

Introducción

La relación entre el Éxito, el Enfoque Preciso, la Autodisciplina y el Buen Manejo del Tiempo

Cómo el Enfoque Preciso, la Autodisciplina, buen manejo del tiempo y la Resiliencia te ayudarán a ser productivo y exitoso

Paso 1: Construya la Determinación para ser Productivo

Cómo decidirte a Aumentar tu Enfoque y Productividad

Paso 2: Planifica Tu Trabajo

Cómo la planificación aumenta tu productividad

Cómo planificar y priorizar tu trabajo

Paso 3: Lucha Contra el Impulso de Procrastinar

   ¿Por qué Procrastinas?

Paso 4: Aumenta tu nivel de enfoque

Paso 5: Mejora tu nivel de autodisciplina

Conclusión, ¿Qué sigue?

La relación entre el Éxito, el Enfoque Preciso, la Autodisciplina y el Buen Manejo del Tiempo

Ya sea que tu meta es mantener tu casa impecable y limpia, pasar tiempo de calidad con tus hijos y criarlos en un buen ambiente, o convertirte en el CEO de tu empresa y ser extremadamente exitoso o cualquier otra cosa, para lograr tu objetivo, debes ser extremadamente enfocado, disciplinado, eficiente y productivo.

Enfoque preciso, la autodisciplina, el buen manejo del tiempo, y resiliencia son las principales características de una alta productividad y éxito. Quizás te estés preguntando, "¿Cómo y Qué significa esto?"

Déjenos descubrirlo antes de pasar a discutir estrategias garantizadas para ayudarte a ser súper productivo y exitoso:

Cómo el Enfoque Preciso, la Autodisciplina, buen manejo del tiempo y la Resiliencia te ayudarán a ser productivo y exitoso

Para lograr el éxito, sea cual sea la forma en que elijas definirlo, las cosas clave que debes ser son **altamente enfocado e inmensamente disciplinado.** Si no estás enfocado como un halcón en lo que quieres lograr y careces de la disciplina para seguir haciendo cosas importantes, es probable que caigas en la distracción, saltes de una tarea a otra, y, por lo tanto, termines sin nada sustantivo.

Si no logras concentrarte completamente en lo que quieres lograr y no eres lo suficientemente fuerte como para decir que no a las distracciones, es probable que permanezcas inactivo todo el día, hagas cosas poco significativas o salgas con tus amigos cada vez que te llamen, o hagas cualquier cosa que te aleje de tu meta.

Además, cuando no te enfocas en tu meta y no tienes suficiente autocontrol, es probable que seas menos resiliente y que también tengas mal manejo del tiempo. Si no estás decidido a lograr tu objetivo, digamos, por ejemplo, tu objetivo es ganar medalla de oro en una competición de natación, es probable que pierdas la esperanza cuando pierdas en una cierta competencia y empieces a sentir como si no tienes lo que se necesita para lograr tu objetivo.

Por otra parte, la falta de enfoque y autodisciplina también hace que sea más fácil ceder a la procrastinación y que pierdas el tiempo en lugar de usarlo de manera eficiente. En lugar de diferenciar las tareas de alta prioridad de las de baja prioridad y trabajar en tareas que disparen tu productividad, es probable que hagas cosas que disminuyan tu productividad.

Cuando careces de concentración y autodisciplina, desarrollar resiliencia y mantenerte productivo es casi imposible debido a las tentaciones y la tendencia a dar prioridad a la gratificación inmediata sobre la gratificación a largo plazo, esto hace que sea difícil que permanezcas fuerte en tiempos difíciles, haz lo que tengas que hacer, sigue adelante, y trabaja en tareas de alta prioridad en primer lugar. De hecho, la falta de enfoque y autodisciplina es la razón por la que no logras ninguno de tus objetivos y no construyes para ti la vida que realmente quieres vivir.

Afortunadamente, esta situación es una que puedes revertir. Si comienzas a trabajar en desarrollar un enfoque profundo y autodisciplina, puedes incorporar lentamente los siguientes cambios en tu vida y eso también, para siempre.

1. Un fuerte enfoque y autodisciplina dan como resultado un fuerte arraigo en la motivación. Para hacer algo con completamente exitoso y evitar las tentaciones para poder hacer lo que es importante, lo primero que necesitas es la motivación para realizar esa tarea. Para estar motivado hacia algo, debes sentirte conectado con lo que quieres hacer. Por lo tanto, a medida que buscas desarrollar el enfoque, lo primero que debes hacer es establecer una/s meta/s que tengan mucho significado para ti. Una meta significativa aumenta tu entusiasmo para luchar contra tus tentaciones y luchar contra tus distracciones para que pueda concentrarse en lo que es importante

2. Además, la capacidad de decir no a las tentaciones y centrarte en un panorama

general también te ayuda a superar la procrastinación. Cuando superas la procrastinación, puedes utilizar tu tiempo eficientemente. Cuando sepas que debes lograr algo, comenzarás a hacer sacrificios por eso y completarás tareas importantes a tiempo, lo que en consecuencia aumentará tu rendimiento.

3. El enfoque preciso y la disciplina también te mantienen fuerte ante la adversidad. Incluso cuando los problemas te rodean, sabes lo que quieres y no te detienes hasta que lo consigues.

Todos estos cambios positivos aseguran que sigas avanzando hacia tu meta, sea lo que sea, y finalmente lo lograrás. Esta capacidad siempre te ayuda mantener productivo en la vida, lo que te asegura que cumplas con cada objetivo que establezcas.

Ahora que sabe por qué necesitas concentración, disciplina y productividad en tu vida, el resto de este libro analizará varias estrategias que pueden ayudarte a ser enfocado como un halcón, disciplinado como un precinto y productivo como una hormiga.

La primera estrategia de muchas es decidirse a ser productivo y establecer la intención de hacerlo. La siguiente sección es una conversación profunda sobre cómo hacer esto:

Paso 1: Construya la Determinación para ser Productivo

Para ser productivo y enfocado, debes vencer la procrastinación y desarrollar la autodisciplina. Para hacer eso, necesita desarrollar la determinación y el entusiasmo para hacerlo; Estas dos cosas provienen de estar motivados para hacer algo.

Por ejemplo, si estás completamente estimulado y entusiasmado por obtener un MBA mientras mantienes un trabajo diario, asistirás a clases nocturnas en la Universidad incluso después de sentirte agotado después del trabajo diario. En este caso, estarás dispuesto a hacer malabares para realizar con éxito las dos responsabilidades. Sin embargo, si no estás motivado para hacerlo, y estudiar para un MBA no está en tu lista de deseos, no te sentirás íntimamente motivado para estudiar después de un día agitado en el trabajo y, de hecho, también perderás muchas clases.

La determinación de hacer algo proviene de sentirse superiormente motivado para lograr un objetivo determinado. Cuando estás súper ansioso por hacer algo, o sabes que al hacer algo, lograrás un cierto beneficio o una cantidad de beneficios que significan mucho para ti, te comprometes realmente a hacer cosas que pueden ayudarte a lograr ese objetivo. Como tal, para ser productivo, enfocado y vencer la procrastinación, lo primero que debes hacer es determinarte a hacerlo y descubrir una o pocas cosas que realmente deseas hacer para que puedas desarrollar el entusiasmo que necesitas para luchar contra tus tentaciones.

Analicemos cómo puedes decidirte a aumentar tu enfoque y productividad a continuación.

Cómo decidirte a Aumentar tu Enfoque y Productividad

Así es como puedes hacer eso:

1. Primero, examina tu estilo de vida actual y piensa en las cosas que te gustaría cambiar en tu vida actual. ¿Quieres dejar de ser flojo? ¿Quieres aumentar tu nivel de organización? ¿Quieres completar todas tus tareas a tiempo? ¿Quieres reducir el caos en tu vida? Escribe todo lo que quieras cambiar sobre tu vida.

2. Luego, descubre exactamente lo que quieres hacer en tu vida y los objetivos que

te gustaría alcanzar. Podrías tener una gran meta o diferentes metas para diferentes aspectos de tu vida, como salud, riqueza, profesión, felicidad, relaciones, espiritualidad, etc. Por ejemplo, tu meta relacionada con el hogar podría ser mantener tu casa más limpia y tu meta profesional podría ser aumentar las ventas de tu empresa de 100 productos vendidos en un mes a aproximadamente 500. Escribe los muchos objetivos que tienes en mente y los que te gustaría alcanzar y luego elige uno o dos en los que te gustaría trabajar primero porque administrar y alcanzar simultáneamente un par de objetivos es un poco difícil y es lo que genera falta de enfoque y productividad.

3. Piensa en todas las razones por las que deseas cumplir una meta determinada. Si tu meta es inscribirte y estudiar para obtener un MBA mientras todavía tienes un trabajo diario, piensa por qué quieres hacerlo y los beneficios que dará a tu vida el tener un MBA. Escribe tantos beneficios de alcanzar tu objetivo respectivo como puedas imaginar. Haz que esas razones sean lo más

convincentes posible. Por ejemplo, si deseas estudiar para obtener un MBA mientras administras tu trabajo actual porque deseas obtener un trabajo mejor remunerado, escribe por qué deseas ganar más dinero. Explica en profundidad tu difícil situación actual y tu crisis financiera y úsala para crear razones convincentes por las cuales necesitas alcanzar tu objetivo.

4. Lee estas razones algunas veces en voz alta; notarás que te sientes más obligado a seguir tu objetivo y lograrlo.

5. Para aumentar tu motivación, imagina la vida que construirás y la increíble sensación que disfrutarás cuando finalmente logres tu objetivo. Visualízate a ti mismo logrando tu objetivo y sigue pensando en ese momento de orgullo por unos 10 a 15 minutos.

6. Ahora escribe cómo te sientes acerca de tu meta. Es probable que anotes cosas positivas al respecto. Escribe tu compromiso para alcanzar ese objetivo y úsalo para ser más productivo y enfocado en la vida. Es muy importante que cumplas este compromiso diariamente, una vez por

la mañana y una vez antes de ir a la cama, para que despiertes sintiéndote concentrado y recuerdes tu meta antes de dormir.

7. Usa los puntos anteriores y comienza a experimentar y desarrollar una agradable rutina matutina enfocada para ayudarte a enfrentar el día. Dependiendo de tus condiciones actuales, y lo que quieres experimentar tú mismo, así que solo te daré ideas realmente básicas.

Bob: va a trabajar a las 7:00 am de lunes a viernes. Rutina de ejemplo; despertarse a las 5:30 am. Recuerda escribir metas, estar emocionado, pensar en algo positivo, meditar, hacer ejercicio, comer un desayuno saludable.

Jane: va a trabajar a las 10:00 a.m. y a la 1:00 p.m. Despierta a las 6:00 a.m. Recuerda escribir metas, estar emocionada, pensar en algo positivo, hacer cardio, ir al gimnasio, desayunar saludable o ayunar.

Ahora que estás más comprometido con ser productivo y vencer la procrastinación, y ahora que sabes exactamente en qué debes concentrarte, tu próximo paso es la fase de planificación. La siguiente sección explica sobre esto.

Paso 2: Planifica Tu Trabajo

"La productividad no se trata de hacer más. Se trata de crear más impacto con menos trabajo".
— *Anonimo*

La productividad definitivamente no se trata solo de hacer más trabajo. De hecho, algunas personas que hacen mucho trabajo son algunas de las personas más improductivas en la tierra.

La diferencia entre una persona altamente productiva y una no productiva no es solo la cantidad de trabajo que realizan sino también el uso eficiente del tiempo que realiza la primera. Alguien que no es altamente productivo es probable que se enfoque en muchas cosas a la vez y, en lugar de hacer tareas de alta prioridad primero, puede comenzar con algo más fácil y menos significativo.

Una persona productiva y enfocada hará lo contrario: la persona se dará cuenta de las tareas que pueden aumentar su productividad y luego trabajará en estas tareas primero en lugar de hacer lo que parece fácil. Eso es exactamente lo que le ayuda a crear un mayor impacto.

Para asegurarte de hacer primero las tareas correctas, tareas que realmente te ayudan a avanzar hacia su objetivo y cumplirlo, debes planificar tu trabajo mucho antes de comenzar a hacerlo.

Cómo la planificación aumenta tu productividad

Una razón importante por la que tu productividad es baja y por la que le falta enfoque es el simple hecho de que, en lugar de hacer lo que es importante, salta de una tarea a otra y hace cosas sin comprender su impacto. Como no has planeado cómo pretendes alcanzar tu objetivo, haces lo que sea que esté frente a ti durante el día sin considerar si esa tarea te ayudará a alcanzar tu meta.

Crear un plan de acción te ayuda a saber lo que se debe hacer para cumplir tu meta y, por lo tanto, lo revierte y le permite conocer las tareas significativas, sustanciales y de alta prioridad que debe completar primero para aumentar su productividad. Con un plan en la mano, sabrás qué hacer, cuándo hacerlo y cómo hacerlo, y te sentirás mucho más centrado y despejado que nunca.

Así es como puede planificar tu trabajo.

Cómo planificar y priorizar tu trabajo

1. Primero, fija tu objetivo a un plazo razonable. Si tu meta es mudarte a una nueva casa, calcula cuánto tiempo te tomará empacar tus cosas y mudarte sin tomarte un tiempo libre de tu trabajo. Si tu meta es escribir tu primera novela de misterio, piensa cuánto tiempo necesitas para realizar esta tarea. Esto asegura que te mantengas en el rumbo y, al hacerlo, evites procrastinar.

2. Un gran objetivo, incluso si se extiende durante un mes, puede ser abrumador, especialmente si el objetivo es uno que nunca has abordado antes. Si nunca has escrito un libro, es muy probable que el simple hecho de pensarlo te abrume a nivel emocional. Para eliminar el elemento de "abrumar" de tu meta, para que le parezca más factible y manejable, divida este gran objetivo en algunos hitos más pequeños. Si tu objetivo se extiende durante 6 meses,

divídelo en dos hitos más pequeños de 3 meses cada uno, y luego toma el primer hito de los dos y divídalo en hitos aún más pequeños. Si tu plan es escribir un libro electrónico de 50.000 palabras, divídelo en objetivos tales como escribir primero 25.000 palabras y dividirlo en escribir las primeras 15,000 palabras y cortar así aún más para escribir 7.500 palabras. Cuando tienes piezas más pequeñas del tamaño de una meta frente a ti, trabajar en esa meta al instante parece mucho más factible.

3. Piensa en cómo lograrás la primera pequeña pieza. ¿Qué podrías hacer para lograrlo de manera exitosa y eficiente? Por ejemplo, si deseas escribir 5.000 palabras de tu libro en una semana, descubre cómo puedes hacerlo dentro de una fecha límite. ¿Cuáles son las diferentes tareas que debes hacer y las que no debes hacer para asegurarte de mantener el rumbo y lograr tu objetivo según lo planeado? Aquí, debes pensar en la alta prioridad y las tareas sustanciales que pueden disparar tu productividad. Piensa en las tareas que, si las hace, pueden ayudarte a lograr más en

menos tiempo. Por ejemplo, si tienes que lavar la ropa, escribir un libro y preparar comidas de una semana para tu familia, puedes lavar en seco tu ropa y usar el tiempo libre para trabajar en tu libro para lograr tu objetivo a tiempo o incluso antes. Luego puedes usar el tiempo extra para editar el trabajo que has realizado hasta ahora.

4. Después de determinar las tareas de alta prioridad, asegúrate de realizar al menos 2 de ellas todos los días de la semana. Si cierta tarea de alta prioridad es difícil y requiere más tiempo, haga solo 1 tarea de alta prioridad al día.

5. Además, pon las tareas creativas primero en tu lista. De acuerdo a David Rock, un autor popular y co-fundador del Instituto NeuroLeadership, la mayoría de nosotros tenemos la costumbre de atender primero un trabajo fácil y sin sentido y luego invertir nuestro esfuerzo en las tareas difíciles y más importantes cuando ya estamos cansados. Esta fuga tu energía, disminuye tu enfoque, y no te permite crear un mayor impacto. Cada decisión que haces cansa tu cerebro.

Por lo tanto, si primero realiza muchas tareas sin sentido, es muy probable que te sientas agotado cuando sea el momento de hacer algo importante. Para ser más productivo y crear un mejor impacto, invierte el orden de tus tareas. Realiza tareas que requieran un mejor enfoque y creatividad inmediatamente después de comenzar con tu trabajo y pasar a las cosas más fáciles como programar una reunión o eliminar correos electrónicos inútiles de tu bandeja de entrada más tarde en el día. Por ejemplo, si tienes que crear una agenda para tu próximo proyecto, no guardes esa tarea para más adelante en el día; en su lugar, completa esta tarea a primera hora de la mañana porque dicha tarea es una tarea creativa, una que, si se hace correctamente, puede aumentar tu productividad por múltiples.

6. Siempre establece una fecha límite para todas tus tareas para que sepas exactamente cuándo se deben realizar.

7. Además, establece un día o dos para realizar las tareas menos importantes. Algunas tareas, como limpiar la casa o hacer las

compras, en realidad no aumentan tu productividad profesional, pero son importantes. Necesitas alimento para comer y pensar con claridad y si no vas a hacer las compras, seguirás pidiendo hamburguesas y pizzas y, como sabes, la comida chatarra no beneficia a tu cuerpo ni a tu mente. Asegúrate de establecer un día de la semana para atender todas las diferentes tareas que no se relacionan directamente con tu objetivo, pero que no puedes ignorar por completo.

8. Revisa tu plan varias veces y realiza cualquier cambio que sea necesarios según se requiera.

Sigue este plan todas las noches antes de acostarte y realiza los cambios donde los consideres necesario. Por ejemplo, si surge algo inesperado y necesitas conocer a un inversionista potencial antes de enviar algunos pedidos como habías planeado al día siguiente, primero haz la tarea urgente. Es importante crear un plan flexible y volver a visitarlo regularmente para que puedas realizar los cambios necesarios de acuerdo con la necesidad del momento. Esto hace que el plan sea más efectivo. Con tu plan listo, es hora de tomar medidas. En la conclusión, he enumerado ejemplos de planificadores de productividad útiles que puedes utilizar para maximizar los resultados.

La siguiente sección se centrará en cómo combatir el impulso de procrastinar para que puedas, como Nike, *Just Do It! (¡Sólo hazlo!)*

Paso 3: Lucha Contra el Impulso de Procrastinar

La procrastinación es la mayor enemiga de la productividad. Es lo que te impide vivir una vida impactante o completar tu trabajo (y alcanzar tus metas) según lo planeado. Para trabajar en tu plan de acción, DEBES luchar contra la procrastinación. Si no logras superar la procrastinación, nunca lograrás tus objetivos según lo planeado.

Así es como puedes superar la necesidad de procrastinar y disciplinarte mejor.

¿Por qué Procrastinas?

"Bah, lo haré más tarde." La procrastinación tiene ciertas causas. Si encuentras esa causa y trabajas para resolverla, sin duda vencerás la procrastinación. Estas son algunas de las principales razones detrás de la procrastinación. Revísalas varias veces y luego compáralas con tu situación para descubrir por qué procrastinas.

Ahora no es el momento adecuado para hacerlo: la mayoría de nosotros posponemos las tareas porque siempre estamos buscando el momento perfecto para realizarlas. Si das la misma razón cada vez que tienes algo importante que hacer, debes comprender que en realidad no hay un momento perfecto para hacer algo. La perfección es un mito, y si continúas buscándola, nunca podrás terminar nada.

Para comenzar, comprende que no hay un momento perfecto o la manera perfecta de hacer algo. Sí, hay momentos en los que "debes golpear el hierro mientras aún está caliente" para obtener los mejores resultados y, aunque existen formas efectivas de realizar diferentes tareas, esto no debería evitar que empieces a hacerlas.

Si tienes una tarea que hacer, evalúala y luego calcula el tiempo adecuado para hacerla y luego simplemente hazla. Por ejemplo, si planeas hacer más ejercicio para perder peso, averigua cuándo tienes tiempo de sobra para esta actividad. Si estás libre en la noche, puedes ir al gimnasio a las 5pm.

Demasiado difícil: Otra razón importante por la que postergamos es la naturaleza desafiante de una tarea. Si una tarea parece demasiado difícil, es probable que la posponga lo más posible. En lugar de hacerlo, descubre por qué una determinada tarea parece difícil. ¿Es porque no tienes la habilidad necesaria para abordarlo o es porque es una tarea enorme? Si es demasiado grande, córtala en pasos más pequeños como se indicó anteriormente. Si tu razón para no trabajar en una tarea es la falta de una habilidad, descubre cómo puedes desarrollar esa habilidad. Por ejemplo, si necesitas crear una hermosa portada para tu libro, pero no tienes las habilidades necesarias para hacerlo, busca formas fáciles de hacerlo en línea. Cuando cuentas con una habilidad que te ayuda a realizar una tarea fácilmente, superas el impulso de diferir esa tarea para un momento posterior.

Podría fracasar: El fracaso es la razón principal por la que muchos de nosotros abandonamos nuestras tareas. Si temes fracasar, es probable que no quieras hacer una determinada tarea por completo. Para superar tu miedo al fracaso, comprende que el fracaso es solo un lado de la moneda; El éxito es el otro.

Para lograr el éxito, tienes que ir a través de algunos fracasos, lo que está perfectamente bien. El fracaso no está aquí para debilitarte; De hecho, cuando se utiliza bien, el miedo te enseña y te prepara para el inminente éxito. Comienza a ver los reveses desde esta perspectiva y pronto, te sentirás más motivado para trabajar en tus tareas.

Demasiado aburrido: si una tarea parece demasiado aburrida, es probable que la pospongas. Si esa es tu razón para no hacer ciertas actividades, encuentra formas interesantes de hacer una tarea y fija recompensas interesantes para todas las tareas aburridas. Por ejemplo, si tienes que crear un informe, algo que detestas y consideras aburrido, pídele a tu mejor amigo que te haga compañía, lo que convertirá la tarea en una experiencia agradable. Además, al completar esta tarea, puedes recompensarte con un buen regalo. Las recompensas aumentan tu entusiasmo por una tarea y, por lo tanto, te facilitan atenderla.

Averigua por qué procrastinas y luego utiliza las estrategias dadas anteriormente para superar el impulso de procrastinar. Cuando te sientas listo para trabajar, haz lo siguiente para asegurarte de que realmente haces tu trabajo y no sucumbes a la procrastinación nuevamente.

No pensarlo demasiado

Si tienes una tarea que hacer, tómate 5 minutos para pensar en cómo hacerla. Si la tarea es demasiado difícil, tómate un poco más de tiempo, pero asegúrate de no gastar todo tu tiempo pensando en ello. Cuando piensas demasiado las cosas, sufres parálisis del análisis y no tomas ninguna acción. Para evitar caer en esa trampa, no entres en detalles triviales de cómo hacer una tarea; solo hazla cuando tengas la intención de trabajar en ello.

Prueba el truco de los 5 minutos

Este truco es una forma extremadamente efectiva de superar la necesidad de procrastinar y hacer las cosas rápidamente. Cuando tenga una tarea difícil de completar, pero no esté de humor para hacerla, dígase: "Solo haré esta tarea durante 5 minutos." Dado que 5 minutos no es tanto tiempo, es probable que acepte dicho trato. Cuando los 5 minutos han terminado, dígase: "la haré por otros 5 minutos." Notarás que en los primeros 2 intervalos de trabajo de 5 minutos, te sentirás lo suficientemente motivado para continuar durante más de 30 minutos a una hora. Continúa trabajando en la tarea y tómate un descanso una vez que haya trabajado durante 40 a 60 minutos. Este truco te engaña para que hagas el trabajo y aumenta lentamente tu productividad.

Usa la técnica Pomodoro

La técnica Pomodoro es una estrategia eficaz de gestión del tiempo que puede utilizar para vencer la procrastinación y aumentar tu productividad. Es una herramienta de gestión del tiempo en forma de tomate basada en un temporizador en forma de Pomodoro (en italiano: tomate) utilizado por el famoso chef Francesco Cirillo.

Con esta técnica, debes dividir una determinada tarea en 3 o más partes de 30 a 35 minutos cada una. Luego, trabaja en una parte y toma un descanso de 5 a 10 minutos antes de pasar a la próxima entrega. Después de hacer la 4 ª parte, se puede tomar un descanso más largo de 20~ minutos. Esto es especialmente importante en tareas que requieren estar sentado, ya que podrá mantener una mejor postura y, por lo tanto, estar más concentrado y vital. Si está trabajas mucho de forma sedentaria, personalmente te sugiero que comience a investigar sobre la postura en general. De todos modos, volviendo al tema. También debes revisar tu trabajo después de cada entrega; esto te ayudará y luego mejorará tu rendimiento. Esta técnica rompe una gran tarea en partes más pequeñas haciéndola más fácil para que puedas ocuparte en la misma y superar tu tentación de posponerlo también.

Implementa estas estrategias; Si lo haces, te encontrarás a ti mismo haciendo tu trabajo en lugar de posponerlo. Para aumentar tu motivación, para seguir haciendo tu trabajo como fue planeado, siempre recompénsate luego de completar cada tarea, aburrida o no.

Tú próxima tarea es aumentar tu nivel de enfoque para que puedas hacer las cosas de manera efectiva y escalar tu producción.

Aquí hay una imagen para demostrar el entorno ideal para el trabajo informático. Recuerda vigilar tu postura, está comprobado que nuestros cuerpos no pueden durar más de 50-60 minutos sentados en una postura naturalmente adecuada. Además, los períodos demasiado largos de estar sentado a menudo cansan tanto física como mentalmente. Obviamente, esto no es lo que queremos cuando tratamos de ser lo más productivos posible.

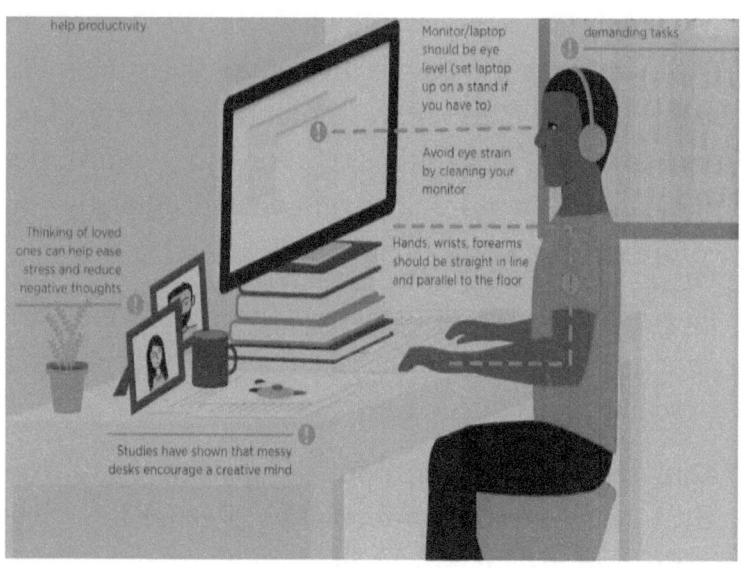

Paso 4: *Aumenta tu nivel de enfoque*

Para asegurarte de mantenerte en el camino y realizar tus tareas importantes a tiempo, debes tener un enfoque excelente. Un mayor enfoque asegura que siga aumentando tu productividad con cada día que pasa y que no pierdas la esperanza en tiempos difíciles. Así es como puedes aumentar tu nivel de concentración.

Administra las distracciones

Es difícil mantenerse enfocado cuando estás cerca de distracciones. Si tienes una pizza deliciosa frente a ti, es probable que la comas en lugar de comer un plato de ensalada. Del mismo modo, si tu amigo aparece justo cuando estás a punto de sentarte a trabajar y le pide que lo acompañes a una película, es muy poco probable que le digas que no.

Las distracciones debilitan tu enfoque y te dificultan hacer las cosas significativas. Para experimentar un mayor enfoque, debes manejar las distracciones absolutamente.

Para hacerlo, crea una lista de todas las diferentes cosas, personas y actividades que te distraen de tu trabajo y reducen tu productividad. Luego, escribe algunas estrategias que puedas usar para combatir cada distracción de manera efectiva. Si tu amigo tiene la mala costumbre de visitarte todos los días y desviarte de tu trabajo, puedes decirle que deje de visitarte durante tus horas de trabajo, podrías dejar de atender sus llamadas por un tiempo, o podrías irte a la casa de tus padres para enfocarte en un proyecto importante. En una situación de trabajo, puedes poner una etiqueta de "no molestar" fuera de tu puerta, ponerte auriculares incluso cuando no estés escuchando nada, etc. Para disuadir a las personas de molestarte. Si obtienes distracciones del uso de Internet, por ejemplo, ves demasiados videos de YouTube o pasas demasiado tiempo en varias redes sociales, puedes usar herramientas como Leechblock o StayFocusd para limitar tu acceso a los sitios que te desvían. Estas son solo ideas; siéntete libre de hacer una lluvia de ideas sobre lo que funciona mejor para ti, dependiendo de tu distracción.

Cada vez que aparezca una cierta distracción, primero recuerda lo que realmente deberías estar haciendo. Trae el panorama más general en tu cabeza y concéntrate en el por unos momentos. Piensa por qué te has embarcado en este viaje en primer lugar y usa esas razones para estimularte a decir que no a tus distracciones, incluso si eres tú mismo. Luego, implementa las estrategias que elegiste anteriormente.

Asegúrate de decir no a ti mismo cada vez que sientas la necesidad de hacer algo menos significativo. Puedes atraerte para hacer una tarea importante estableciendo una recompensa que disfrutarás solo después de completar la tarea importante primero.

Detén la Multitarea

Si tienes el hábito de hacer frente a más de una tarea a la vez, es por eso que tienes poco enfoque y falta de productividad. Cuando haces más de una actividad a la vez, mantienes tu mente distraída. Cuando tu atención se dirige a demasiadas tareas simultáneamente, es menos probable que haga algo con éxito. Para enfocarse y distraerse menos, deja de realizar múltiples tareas.

En lugar de hacer varias tareas al mismo tiempo, concéntrate primero en una tarea. Si tienes que crear una portada de libro, hazla primero, y después, revisa las 2.000 palabras que escribiste hoy en lugar de moverte hacia atrás y hacia delante entre ambas tareas. Para enfocarte completamente en una tarea, sumérgete en ella enfocándote en cada paso. Si estás creando una portada de libro, ve cómo se siente un color al agregarlo a la portada y cómo una determinada imagen da vida a tu portada. Toma interés en todas las tareas y sumérgete en ella, así podrás hacerla con completa atención.

Toma Mini Descansos

Se vuelve difícil concentrarte cuando trabajas locamente durante largas horas sin descansar tu mente y tu cuerpo. Cuando trabajas tu mente y tu cuerpo, se cansan y cuando quedas súper exhausto, es menos probable que te concentres en una tarea. Para mantenerte enfocado y con energía, programa pequeños descansos al comenzar una tarea. Tómate un pequeño descanso de 5 minutos después de trabajar por cada 30 a 40 minutos y toma una hora o un descanso flexible después de haber realizado algunas tareas importantes.

Haz algo divertido

Asegúrate de hacer alguna cosa divertida y relajante cada día. Aquí hay algunas ideas:

Divertido

- Ejercicio

- Comer fuera

- Conocer gente

- Viajar

- Mirar videos, películas, series

- Jugar

Relajante

- Meditar

- Reír

- Mirar las metas que ya has logrado

- Ducha fría o caliente, sauna

- Estiramiento, Yoga

- Darte cuenta de las metas alcanzadas

- Lo que sea que es, recuerda que es importante dejar un poco de tiempo personal para

Darte un descanso del horario de trabajo agitado y asegurarte de relajar tu mente antes de continuar con tus tareas difíciles. Las actividades divertidas aumentan tu bienestar emocional; cuando te sientes feliz y relajado, puedes trabajar con mayor energía y concentración.

Crea una lista de actividades que disfrutes y haz al menos una de ellas a diario, incluso si es solo por 15 minutos.

Trabaja en estas técnicas y pronto, te encontrarás trabajando con mayor concentración. Para asegurarte de cumplir tus metas según lo planeado, trabaja en mejorar tu nivel de autodisciplina. La siguiente sección tiene un excelente consejo sobre cómo hacerlo.

Bebe café

La cafeína es el ingrediente activo en el café que explica el impulso mental. Esto se logra al adaptarse a los receptores de adenosina, presentes en todo el cuerpo. Beber una taza de café puede aumentar temporalmente tu concentración y los niveles de energía. Sin embargo, la clave de usar café para lograr resultados a largo plazo es la moderación.

Paso 5: *Mejora tu nivel de autodisciplina*

Un estudio de 2013 sobre autodisciplina realizado por Wilhelm Hoffman muestra que aquellos con un alto nivel de autodisciplina son más felices que aquellos cuyo nivel de autodisciplina es bajo porque un alto nivel de autodisciplina te brinda la capacidad de lidiar con conflictos de objetivos efectivamente y hacer lo que es importante.

Para asegurarte de mantener la procrastinación a raya y seguir aumentando tu productividad, trabaja para aumentar tu autodisciplina. Si bien todas las estrategias discutidas anteriormente ciertamente te ayudan a construir y aumentar tu disciplina, aquí hay algunas técnicas más que debes usar para disparar tu nivel de disciplina.

Orientarte al Proceso

Sucumbes a las tentaciones y obstáculos y cedes ante las tentaciones porque te enfocas en el objetivo final en lugar del proceso que te lleva a tu objetivo. Estar orientado a objetivos es excelente porque te ayuda a enfocarte mejor en el panorama general. Estar orientado al proceso es aún mejor porque garantiza que al encontrar obstáculos, no te rindas ni cedas. En cambio, reconocer todos tus pequeños logros; Esto te hace sentir orgulloso y motivado para seguir adelante.

Para aumentar tu nivel de disciplina, concéntrate en los procesos. Acostúmbrate, al final del día, a revisar el trabajo de todo el día y a revisar todos tus errores y logros. Apréciate por lo que hiciste bien y con éxito, y descubre cómo puedes mejorar las cosas en las que fallaste. Pronto, te verás más involucrado en el proceso y haciendo tareas significativas que te acercarán más a tú meta final.

Perdónate a ti mismo

Los altibajos son parte del proceso de éxito. Si deseas tener éxito, debes avanzar incluso después de experimentar un revés. Es bastante fácil caer en el pensamiento negativo y perder la disciplina cuando las cosas no salen como se planeó. Para asegurarte de que eso no suceda, perdónate cada vez que vaciles y encuentres un revés y levántate. Busca las lecciones que aprendiste del revés y repítete que mejorarás la próxima vez y no seguirás decayendo. Además, procura decirte cosas amables como "Está bien; no es el fin del mundo" y "Estoy seguro de que lo haré mejor la próxima vez". Tales pensamientos reavivan tu espíritu para trabajar en tu meta.

Ejercicio

El ejercicio es sin duda una excelente manera de mejorar tu enfoque, aumentar tu resistencia y sentirte más feliz y entusiasmado con la vida en general y tu meta en particular. Lo hace al aumentar la producción de hormonas que mejoran el estado de ánimo, como la dopamina y la serotonina, que también aumentan la confianza en ti mismo. Para avivar tu confianza y mantenerte encaminado para lograr tus metas, debes hacer ejercicio habitualmente.

No tienes que comenzar por ir al gimnasio durante una hora todos los días. Simplemente encuentra cualquier actividad vigorosa que disfrutes y comienza a hacerlo durante 10 minutos todos los días. Si te gusta nadar, nada durante 10 minutos diarios. Si te gusta bailar, participa en un baile vigoroso durante 10 minutos todos los días. Una vez que tengas el hábito de hacer ejercicio durante 10 minutos, aumenta la duración en 2 minutos cada semana hasta que puedas hacer ejercicio durante 60 minutos.

Rodéate de las personas adecuadas

Es más fácil perder nuestra determinación para lograr tu meta cuando te encuentras en un entorno que proporciona un flujo constante de negatividad. Si tu círculo social está lleno de detractores, no es de extrañar que no puedas manejar sus tentaciones. Para mantenerte disciplinado y enfocado, rodéate de gente positiva que te inspiran, motiven, y te recuerden la importancia de cumplir tus metas.

Primero, determina los detractores en tu compañía y luego, lentamente, aléjate de ellos. Mientras lo haces, aumenta tu interacción con las personas influyentes y aprende de sus experiencias de vida.

Deja notas positivas en todas partes

Escribe algunas citas positivas y declaraciones inspiradoras en algunas notas adhesivas y pégalas en diferentes lugares de tu casa y lugar de trabajo. Puedes fijar uno en el espejo de tu baño, otro en tu mesita de noche, uno en el mostrador de tu cocina, etc. De esta manera, te rodearás de positividad y de vez en cuando encontrarás cosas inspiradoras que te recordarán tu meta y te alentarán a seguir luchando contra tus tentaciones.

Dormir a Tiempo

Cuando tu cuerpo está cansado, se hace difícil pensar con claridad y hacer lo que es correcto. Si te resulta difícil hacer lo que es importante diariamente, analiza cuánto duermes. Si duermes menos de 7 horas diarias, esta podría ser una razón importante por la que no tienes disciplina. Para sentirse activos y concentrados, los adultos necesitan un promedio de 7 a 9 horas de sueño todos los días. Si duermes menos horas, debes hacer algo para mejorarlo.

Establece un horario para dormir y asegúrate de ir a la cama exactamente a la misma hora todos los días. En segundo lugar, crea un ambiente de dormitorio relajante asegurándote de que la temperatura de la habitación sea la correcta, que la cama sea lo suficientemente cómoda y que no haya electrodomésticos ruidosos en la habitación. Apaga tu teléfono antes de dormir para no quedarte pegado a él. Además, asegúrate de que tu habitación esté oscura, ya que esto te ayuda a tener un descanso de mejor calidad.

Haz estas estrategias parte de tu vida y, desde luego, fomentarás el nivel de disciplina que necesitas para alcanzar todas sus metas.

"El experto en cualquier cosa fue una vez un principiante"

Conclusión, ¿Qué sigue?

Hemos llegado al final del libro. ¡Gracias por leer y felicitaciones! Lo hiciste. Esto demuestra que en realidad estás lo suficientemente motivado para hacerlo. No te detengas aquí. Continúa y estoy seguro de que tendrás éxito en lo que sea que hagas después. Ahora toma un corto descanso si es necesario.

... ¿Volviste? Genial, terminemos esto. Después de todo, es Navidad, a menos que estés leyendo esto en enero, febrero... Mmm.

Mejora tu enfoque y productividad, y podrás lograr cualquier cosa. Este libro te ha impartido el conocimiento que necesitas para aumentar tu enfoque y disciplina. La responsabilidad recae sobre ti ahora. Usa esta información para cambiar tu vida y lograr todas tus metas. ¿Qué sigue, te estarás preguntando?

Aquí hay algunas herramientas para seguir adelante, solo ten esto en cuenta: no te pierdas en toda la información disponible. Tu enfoque número uno es siempre tomar acciones inteligentes. Leer libros y estudiar conceptos básicos es esencial, ¡Pero no olvides ACCIONAR!

Sean cuales sean tus objetivos, los alcanzarás a través del progreso basado en la acción.

Hablando de acción, tengo un pequeño desafío práctico para ti. Toma todo lo que aprendiste y aplícalo a tu vida diaria durante los próximos 30 días. ¡Hazlo sin importar qué y ve qué sucede!

Planificación de la Productividad

Tamaño limpio y adecuado para llevar contigo si es necesario. Hay muchos de estos planificadores de productividad en línea o en tiendas físicas, no gastes demasiado tiempo en esto.
Alternativamente, puedes documentar una planificación similar en un documento de Google, Word o simplemente en papel/cuaderno. El punto principal aquí es que es bastante importante anotar las metas que te fijaste

Recuerda las herramientas como Leechblock y StayFocusd, etc., si tienes problemas para mantenerte enfocado cuando trabajas en tu computadora.

Descripción simple de lo que hacen estas aplicaciones en pocas palabras:

"Leech Block es una herramienta de productividad simple: una extensión para navegadores diseñada para bloquear aquellos sitios que hacen pierden el tiempo y que pueden absorber la vida de tu día de trabajo. Todo lo que necesitas hacer es especificar qué sitios bloquear y cuándo bloquearlos.

Puede especificar hasta seis segmentos de sitios para bloquear, con diferentes horas y días para cada conjunto. Puedes bloquear sitios dentro de períodos de tiempo fijos (p. Ej., Entre las 9 a.m. y las 5 p.m.), después de un límite de tiempo (p. Ej., 10 minutos en cada hora), o con una combinación de períodos de tiempo y límite de tiempo (p. Ej., 10 minutos en cada hora entre las 9am y las 5pm)." *Un truco adicional de productividad: considera escuchar audiolibros o podcasts mientras camina, conduzca o realiza tareas domésticas básicas.*

Finalmente. Si el libro te pareció valioso, ¿Puedes recomendarlo a otros? Una forma de hacerlo es publicar una reseña. Puedes considerarlo como el primer paso para ser productivo. Es broma, pero si es para ayudarme a mejorar el contenido del libro aún más o simplemente recomendarlo a otros para que se beneficien, es muy apreciado y me ayuda.

¡Gracias por dejar un comentario sobre este libro!

¡Gracias y mucha suerte! Mantente productivo y recuerda disfrutar la vida.

"Somos lo que hacemos repetidamente. La excelencia, entonces, no es un acto, sino un hábito".   - *Aristóteles 384 – 322 a.C.*

www.ingramcontent.com/pod-product-compliance
Lightning Source LLC
Chambersburg PA
CBHW030531220526
45463CB00007B/2787